기획편집부 지음 | 개정2판

'NEW 하나짱의 신나는 일본어'

 **눈으로 느끼고!**

주인공 하나와 다케시 그리고 그의 친구들이 함께 엮어가는 이야기를 따라가면서 자연스럽게 일본어를 느끼고, 밝고 귀여운 삽화를 보면서 마치 한 편의 동화책을 읽는 듯한 느낌을 주도록 하였습니다.

 **귀로 담고!**

일본어를 빠르게 익힐 수 있는 방법 중의 하나가 바로 자주 듣는 것입니다. 재미있게 구성된 MP3 음원을 들으면서 일본어에 익숙해지도록 하였습니다.

 **입으로 표현한다!**

쉽고 간단한 표현들을 반복적으로 따라 하면서 주요 문장을 익히고, 각 과마다 꾸준히 발음을 연습하도록 하였습니다. 또 중간중간 노래를 따라 부르면서 즐겁게 일본어를 배울 수 있게 하였습니다.

그 외에도 중간중간 스티커를 붙이며 입체적으로 학습하고, 하나씩 문제를 맞히면서 전체 배운 내용을 확인해 볼 수 있는 종합평가판도 함께 실었습니다.
공부라는 것은 우선 흥미를 느끼는 것이 가장 중요하다고 생각합니다. 이 책을 통하여 학습자들이 일본어를 어렵게 생각하지 않고, 신나는 말 배우기 놀이로 느끼고 일본어에 친근하게 다가갈 수 있기를 바랍니다.

모두 들어있어요~

 **MP3 바로듣기**

정확한 네이티브 발음, 신나는 노래와 해설로 재미있게 공부해요.

 **연습문제**

본 책에서 배운 내용들을 복습하고 실력을 다져요.

 **단어카드**

본문의 새단어와 중요 단어를 카드로 만들어 간편하게 들고 다니며 익혀요.

 **스티커 붙이기**

스티커를 붙이며 입체적으로 학습해요.

 **종합평가판**

전체 배운 내용을 확인해 볼 수 있어요.

 **mp3무료다운로드**

제이플러스 홈페이지 다운로드자료실에서 MP3 파일을 다운받을 수 있어요.

이 책의 구성

본문 회화

핵심이 되는 짧은 문장을 통해 이야기의 문을 열면서
흥미를 돋우도록 하였습니다. 특히 아이들의 말투로
자연스럽게 반말표현을 익힐 수 있습니다.

はなしてみよう

한 걸음 더! 앞에서 배운 기본표현을 반복해서 연습하고,
확장할 수 있도록 하고, 필요에 따라 존댓말도 익힐 수
있도록 하였습니다.

かんじ

본문에 나온 주요 한자를 1~2개씩 읽고 쓸 수 있도록
구성하였습니다.

やってみよう

신나게 놀아요! 과마다 다양하고 재미있는 게임을 하면서
일본어에 더 가까이 다가갈 수 있도록 하였습니다.

できるかな

이제 자신 있어요! 배운 내용을 다시 한번 짚어 보면서 좀
더 일본어에 자신감을 가지도록 하였습니다.

にほんのぶんか

일본의 문화를 재미있게 알고 갑니다.
과에 따라서는 노래를 익힐 수 있도록 하였습니다.

차례

おはよう!

안녕! 나는 하나야.

안녕! 나는 다케시야.

단어

おはよう 안녕! (아침인사)
私(わたし) 나, 저
～は ~은, 는 ([와]로 발음)
ぼく 나 (남자말)
じゃあね 잘 가
またね 또 보자

인사말을 익히고, 자기 이름을 말해 보세요.

単語

せんせい 선생님
おはようございます
안녕하세요? (아침인사 「おはよう」보다 더 정중한 표현)
この子(こ) 이 아이
ともだち 친구
こんにちは 안녕?, 안녕하세요? (낮인사)
さようなら 헤어질 때의 인사말
〜です 〜입니다

한자를 익혀 보세요.

わたし

私： 一 二 千 チ 禾 私 私

私					
わたし					

こ

子： 了 子

子					
こ					

やってみよう　　이름 찾기 게임

✱ 한 사람씩 선을 따라 가서 자기 이름을 찾아 주세요. 이름과 얼굴이 맞으면 「こんにちは。わたしは ～です。」라고 말해 봐요.

1 들려주는 내용과 일치하는 그림을 찾아 순서대로 번호를 쓰세요.  

2 다음 그림을 보고 말풍선에 들어갈 인사말로 적당한 것을 고르세요.

❶

さようなら。
おはよう。

❷

3 잘 듣고 알맞은 글자를 골라 스티커를 붙이세요.  

❶ 　❷ 

일본에는 어떤 음식들이 있는지 알아 볼까요?

1 すし 스시

일본을 대표하는 음식 중에 하나로
우리나라에도 많이 알려져 있습니다.
식초 등으로 양념을 한 밥에 생선회를
얹은 것이 일반적이지만,
요즘은 소시지나 튀김, 고기 등을 얹기도 합니다.

2 おにぎり 오니기리

편의점에 가면 삼각김밥 팔죠?
그것을 바로 오니기리라고 합니다.
일반적으로 매실장아찌나 다시마, 가다랭이 등이
들어가는데, 요즘에는 여러 가지 맛의
오니기리가 판매되고 있습니다.

3 うめぼし 우메보시

일본의 전통 절임음식으로
맛이 시고 짭니다.
우메보시는 아침 식탁의 단골 메뉴이며,
여름철엔 식중독을 예방하는 음식이기도 합니다.

4 なっとう 낫또

우리나라 청국장과 비슷한 음식으로
삶은 콩을 발효시켜서 만듭니다.
끈적거리면서 독특한 냄새가 납니다.
낫토는 영양소가 아주 풍부하여,
세계적으로 장수식품으로 인정받고 있습니다.

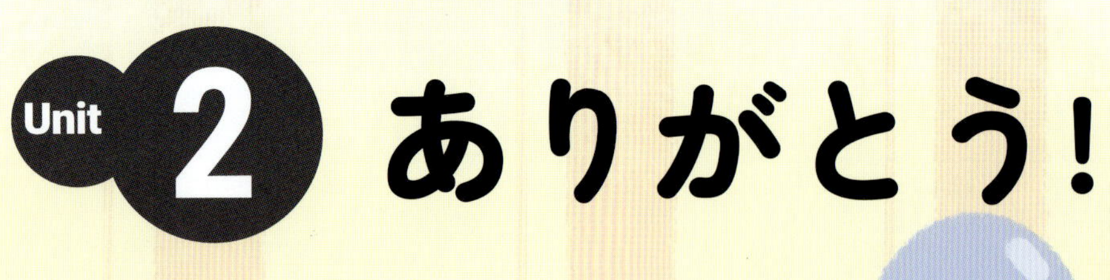 ありがとう！

 どうぞ。
자, 이거 받아.

 ありがとう！
고마워!

 どういたしまして。
천만에.

단어

ありがとう 고마워
どうぞ 다른 사람에게 뭔가 권할때 쓰는 말
どういたしまして 천만에(요)
ごめん 미안해
大丈夫(だいじょうぶ) 괜찮아 (사과에 대한 대답)

① ありがとう。
② どういたしまして。

③ すみません。
④ だいじょうぶ
大丈夫です。

⑤ ありがとう。
⑥ どういたしまして。

단어

すみません。 죄송합니다。

Tip すみません은 '고맙습니다'
'미안합니다' 사람을 부를 때
'저기요' 등 여러 상황에서
쓸 수 있어요.

한자를 익혀 보세요.

だいじょうぶ	
大 :	一 ナ 大
丈 :	一 ナ 丈
夫 :	一 二 キ 夫

大					
だい					

丈					
じょう					

夫					
ぶ					

누가 빨리 도착할까요?

ありがとう!
すみません!

＊ 두 사람이 팀이 되어 말과 동전을 준비하세요. 동전의 앞면이 나오면 두 칸, 뒷면이 나오면 한 칸 앞으로 전진합니다. 이동한 후 웃는 얼굴 그림이면 「**ありがとう**」, 우는 얼굴 그림이면 「**すみません**」이라고 말하고 다른 친구가 「**どういたしまして**」, 「**だいじょうぶ**」중에서 알맞은 말로 대답합니다. 가장 먼저 도착하는 팀이 이기는 게임입니다.

1 들려주는 내용과 일치하는 그림을 찾아 순서대로 번호를 쓰세요.  

2 다음 그림을 보고 빈칸에 들어갈 인사말로 적당한 것을 고르세요.

> ありがとう　ごめん

❶

❷

3 잘 듣고 한자로 써 보세요.  

 **にほんのぶんか**　일본의 문화

후크와라이 게임

'후쿠와라이'란 웃으면
복이 온다는 뜻으로,
설날에 하는 놀이의
하나랍니다.

1. 먼저 부록에 있는 눈, 코, 입을 오립니다.

2. 둘이서 한팀을 이루고, 한 사람이 손수건으로 눈을 가립니다.

3. 눈을 가리지 않은 사람이 오린 눈, 코, 입을 하나씩 주면서 '이것은 ～이야.'라고 설명합니다.

4. 눈을 가린 사람이 상상하면서 후크와라이 위에 눈, 코, 입을 올려놓습니다.

5. 눈을 가렸던 수건을 풀고 어떤 얼굴이 나왔는지 확인합니다.

 名前は 何?

名前は 何?
이름이 뭐야?

私は、はな。あなたは?
나는 하나야. 너는?

ぼくは、たけし。よろしく。
나는 다케시라고 해. 만나서 반가워.

こちらこそ よろしく。
나야말로 잘 부탁해.

단어

名前(なまえ) 이름
何(なに) 무엇
あなた 너, 당신
よろしく 잘 부탁해
こちらこそ 저야말로

1

3

5

4

단어

~の ~의
~ですか ~입니까?

2 私の 名前は りかです。

6 私の 名前は けんじです。よろしく。
7 私は しんやです。
8 よろしく。

한자를 익혀 보세요.

무엇

なに、なん				
何 : ノ イ 仁 仃 佰 佰 何				

何					
なに, なん					

이름

なまえ					
名 : ノ ク タ タ 名 名					
前 : 、 ソ 斗 丷 前 前 前 前					

名	前				
な	まえ				

이름 맞추기 빙고게임 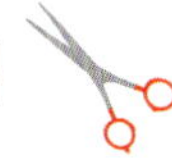

Ⓐ 名前は 何ですか。
Ⓑ 私の 名前は ＿＿＿ です。

※ 우선, 빈 칸에 반 친구들의 이름을 채워 넣습니다. 선생님이 지목한 학생과 함께 「**名前は 何ですか。/ 私の 名前は ～です。**」와 같이 묻고 답하면서 빙고를 만드는 게임입니다.

※ **名前カード**
친구들과 이름을 묻는
게임을 할 수 있도록
명찰을 만들어 보세요.

연습문제

1 들려주는 내용과 일치하는 그림을 찾아 연결하세요. 🎧 12

❶ ❷ ❸ ❹

2 친구와 함께 이름을 묻고 대답해 보세요.

❶

❷

しごと 직업

せんせい 선생님

がくせい 학생

いしゃ 의사

かんごふ 간호사

べんごし 변호사

けいさつかん 경찰관

コック 요리사

がか 화가

かしゅ 가수

私は かんこく人。

はなは かんこく人？

하나는 한국인이니?

うん。たけしは？

응, 다케시는?

ぼくは かんこく人じゃないよ。にほん人だよ。

난 한국인이 아냐, 일본인이야.

その子も にほん人だよ。

걔도 일본인이야.

4

私は かんこく人。 31

私は かんこく人です。
あなたは?

私は
アメリカ人です。

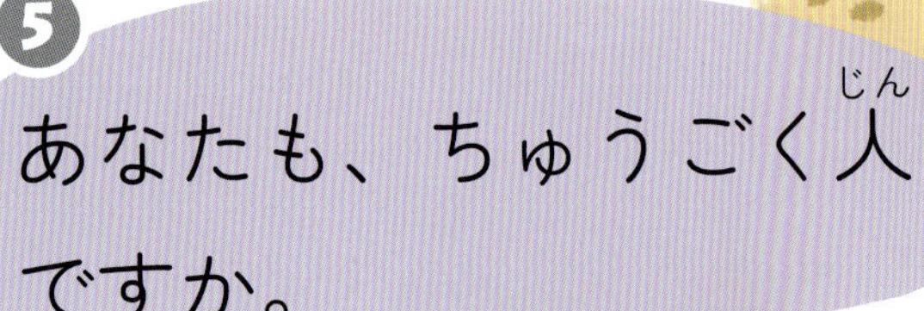
私たちは、
ちゅうごく人です。

そうですか。

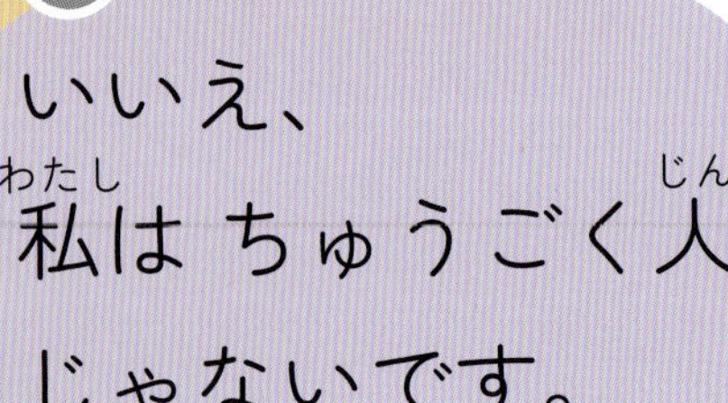
あなたも、ちゅうごく人
ですか。

いいえ、
私は ちゅうごく人
じゃないです。

4

れんしゅう 🎧 15

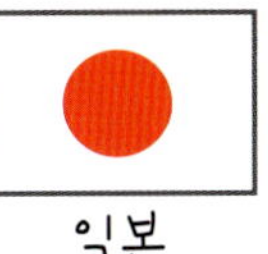

사람

じん, ひと		
人 ：		ノ 人

人					
じん, ひと					

나라

こく, くに							
国 ：	l	⼌	⼌	⼌	⼌	国	国

国					
こく, くに					

옷을 입혀 주세요.

くに　ひと
どこの国の人ですか。

かんこく人

ちゅうごく人

アメリカ人

にほん人

✱ 스티커를 떼어서 각각 어울리는 옷을 입혀주고 「私は〜です。」라고 말해보세요.

1 들려주는 내용과 일치하는 그림을 찾아 순서대로 번호를 쓰세요.  

2 알맞은 것끼리 연결하세요.

❶ ちゅうごく人 ・

❷ アメリカ人 ・

❸ かんこく人 ・

❹ にほん人 ・

ふく　옷

ぼうし 모자

ジャケット 재킷

スカート 치마

くつ 구두

くつした
양말

ブルージーンズ
청바지

セーター
스웨터

うんどうぐつ
운동화

ティーシャツ
티셔츠

ズボン 바지

Unit 5 あか が すき。

わたし
私は あかが すき。あなたは?

나는 빨간색을 좋아해, 너는?

ぼくは あかは きらい。

난 빨간색 싫어.

 じゃあ、あおは すき？
그럼 파란색 좋아해?

 うん、あおは すき。
응, 난 파란색 좋아해.

단어

あか 빨강
〜が すきだ ~를 좋아하다
〜は(が) きらいだ ~를 싫어하다
じゃあ 그럼
あお 파랑

しろ
みずいろ
ピンク
みどり
オレンジ
きいろ
むらさき
あか
あお
くろ

れんしゅう 🎧⑲

みどり　　　きいろ　　　むらさき

あなたは あかが
すきですか？

私は あかは
きらいです。

あなたは 何色が
すきですか。

私は くろが
すきです。

私は みどりが
すきです。

何色が
すきですか。

색깔

いろ
色：　ノ ク ク ク 色 色

色					
いろ					

あ	か							
あ	お							
き	い	ろ						
み	ど	り						
し	ろ							
く	ろ							

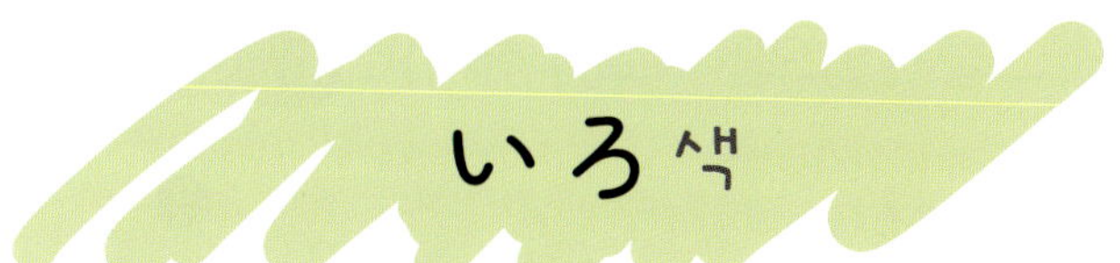

いろ色

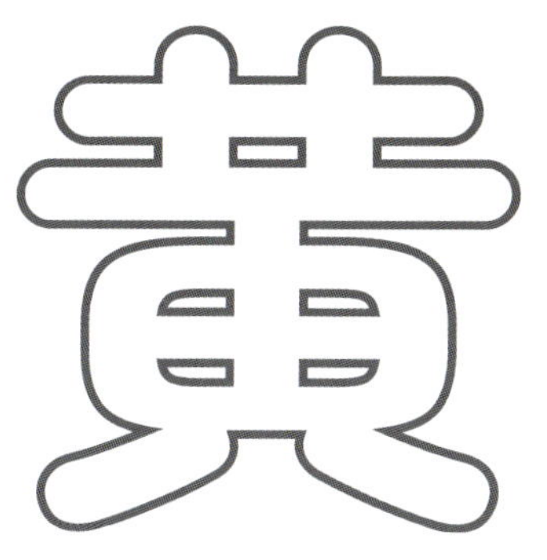

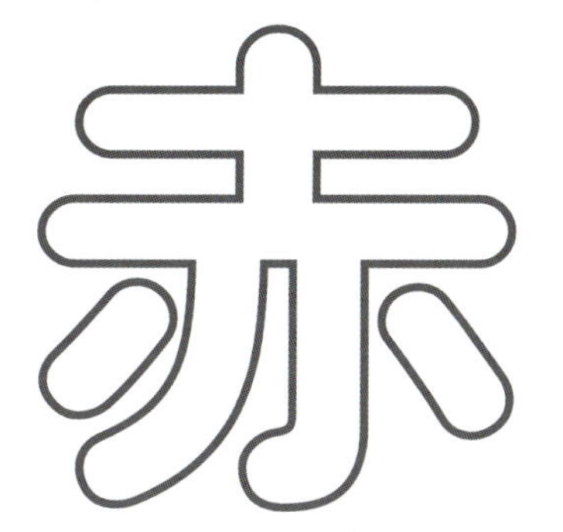

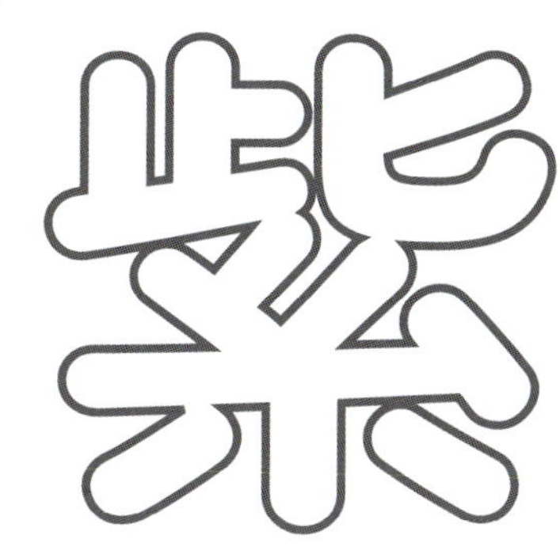

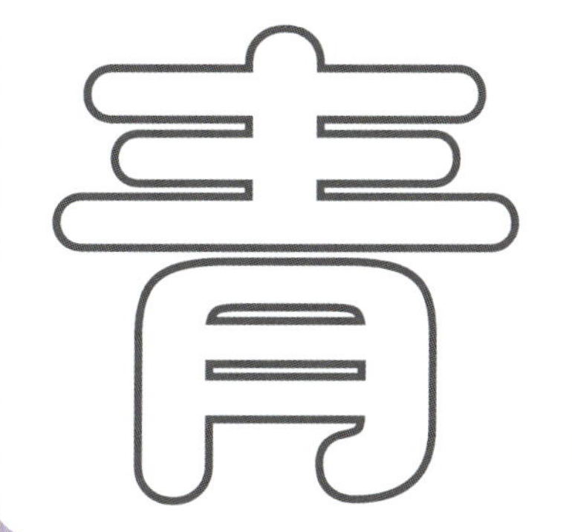

✳ 한자에 해당하는 색으로 칠해 보세요.

 できるかな　　연습문제

1 잘 듣고 들은 내용과 그림이 일치하면 ⭕표, 그렇지 않으면 ❌표를 하세요. 🎧20

❶

❷

❸

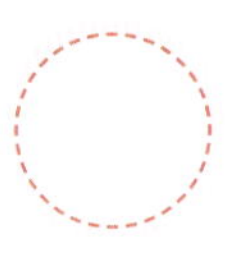  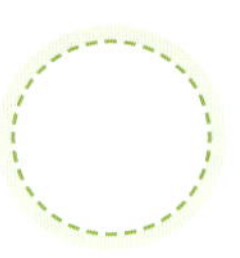

2 자신이 좋아하는 색과 좋아하지 않는 색을 써 넣어 문장을 완성해 보세요.

 私は 　　 が すきです。

 私は 　　 が きらいです。

3 잘 듣고 해당하는 색을 골라 스티커를 붙이세요. 🎧21

❶ 　　❷ 

❸ 　　❹ 

たべもの
음식

サンドイッチ

샌드위치

おかし

과자

しょくパン

식빵

アイスクリーム

아이스크림

ピザ

피자

ハンバーガー

햄버거

ホットドッグ

핫도그

コーラ

콜라

ケーキ

케익

いくつ？

 ぼくは ９才。あの子は?

난 9살이야. 쟤는?

 あの子は ７才だよ。

쟤는 7살이야.

6

단어
いくつ 몇 살
〜才(さい) 〜살
あの子(こ) 저 아이

숫자 1~10

一 いち

二 に

三 さん

四 し / よん

五 ご

六 ろく

七 なな / しち

八 はち

九 きゅう / く

十 じゅう

いくつ？
よんさい
4才。
いくつですか。
ごさい
5才です。
いくつですか。
きゅうさい
9　才です。

한자를 익혀 보세요.

~살

さい	
才 :	一 十 才

才					
さい					

나이 세기

1才	いっさい	2才	にさい	3才	さんさい
4才	よんさい	5才	ごさい	6才	ろくさい
7才	ななさい	8才	はっさい	9才	きゅうさい
10才	じゅっさい、じっさい	11才	じゅういっさい	12才	じゅうにさい

* 「才」를 「歳」로 표기하기도 해요.

6

* 숫자판 중앙에 연필을 세워 놓고 손을 놓아 가리키는 숫자만큼 케이크에 초를 그려 넣고, 빈칸에 숫자를 씁니다. 그런 다음, 「いくつですか / 私は ～才です」와 같이 묻고 답하세요.

1 들려주는 내용과 일치하는 그림을 찾아 순서대로 번호를 쓰세요.  

2 케이크에 있는 초의 숫자를 나타내는 단어를 찾아 쓰고 문장을 말해 보세요.

❶  私は  ＿＿＿＿＿＿才です。

❷  私は  ＿＿＿＿＿＿才です。

❸  私は 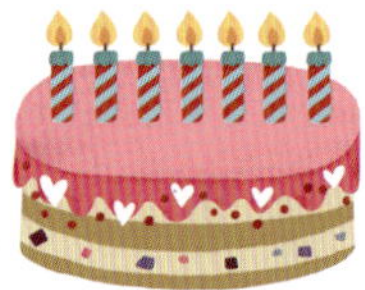 ＿＿＿＿＿＿才です。

> ろく
> なな
> はち
> きゅう
> じゅう

3 바르게 읽은 것에 체크를 하세요.

❶ 8才

はちさい ○
はっさい ○

❷ 10才

じゅうさい ○
じゅっさい ○

❸ 1才

いっさい ○
いちさい ○

10才のインディアン　열 살 인디언

한 살 두 살 세 살 인디언
네 살 다섯 살 여섯 살 인디언
일곱 살 여덟 살 아홉 살 인디언
열 살이 되었습니다

何年生まれ?
なにどしう

何年生まれ?
なにどしう

띠가 뭐야?

ぼくはうし年だよ。
どし

난 소띠야.

はなは <ruby>何年<rt>なにどし</rt></ruby><ruby>生<rt>う</rt></ruby>まれ?
하나는 띠가 뭐야?

<ruby>私<rt>わたし</rt></ruby>は とら<ruby>年<rt>どし</rt></ruby>。
난 호랑이띠야.

7

단어

~<ruby>年<rt>どし</rt></ruby> ~띠
<ruby>生<rt>う</rt></ruby>まれ ~생
うし 소
とら 호랑이

쥐

ねずみ

소

うし

호랑이

とら

토끼

うさぎ

용

たつ

뱀

へび

말

うま

양

ひつじ

원숭이

さる

닭

とり

いぬ

멧돼지

いのしし

何年生まれ？
いぬ年だよ。
何年生まれ？
ひつじ年。
何年生まれですか。
うま年です。
何年生まれですか。
さる年です。

한자를 익혀 보세요.

~생

う（まれ）				
生：	ノ	ト	牛	牛 生

生					
う（まれ）					

~띠, 해

とし					
年：	ノ	ト	上	午 年

年					
とし					

① 私は＿＿＿年生まれです。　④ 私は＿＿＿年生まれです。

② 私は＿＿＿年生まれです。　⑤ 私は＿＿＿年生まれです。

③ 私は＿＿＿年生まれです。　とら　うさぎ　うし　たつ　いぬ

＊ 사다리 줄을 따라가서 해당 번호에 맞는 동물의 이름을 쓰고「何年生まれですか。/ 私は〜です。」라고 묻고 답해 보세요.

できるかな   연습문제

1 들려주는 내용을 잘 듣고 내용과 일치하는 것을 골라 연결하세요.

❶   ❷   ❸   ❹

2 그림을 보고 다음 단어에 해당하는 동물을 찾아 동그라미 하세요.

うさぎ
へび
うま
さる
とり
ひつじ

どうぶつ　동물

あの人は だれ？

あの人は だれ？
저 분은 누구셔?
私の お父さんだよ。
우리 아빠야.
단어
だれ 누구
お父(とう)さん 아버지
~たち ~들
お母(かあ)さん 어머니
おねえちゃん 언니, 누나
Tip 「さん」은 원래 '~씨', '~님'의 뜻
으로 이름이나 성 뒤에 붙여 부르는
말이고, 「ちゃん」은 친구나 가족 등
친한 사이에 쓸 수 있는 호칭입니다.

あの人たちはだれ?
저 사람들은 누구야?
私の お母さんと、
おねえちゃん。
우리 엄마하고, 우리 언니야.
8

가족호칭

お祖父さん <ruby>祖父<rt>じ い</rt></ruby>	할아버지	お祖母さん <ruby>祖母<rt>ば あ</rt></ruby>	할머니
お父さん <ruby>父<rt>とう</rt></ruby>	아빠	お母さん <ruby>母<rt>かあ</rt></ruby>	엄마
おにいちゃん	형, 오빠	おねえちゃん	누나, 언니
おとうと	남동생	いもうと	여동생

🎧33

いもうと
おねえちゃん
お母さん
おにいちゃん
お父さん

한자를 익혀 보세요.

아버지

* '아버지'란 뜻의 「お父さん」은 「おとうさん」으로 읽고, 단독으로 쓰일 때는 「ちち」로 읽습니다.

父					
ちち					

어머니

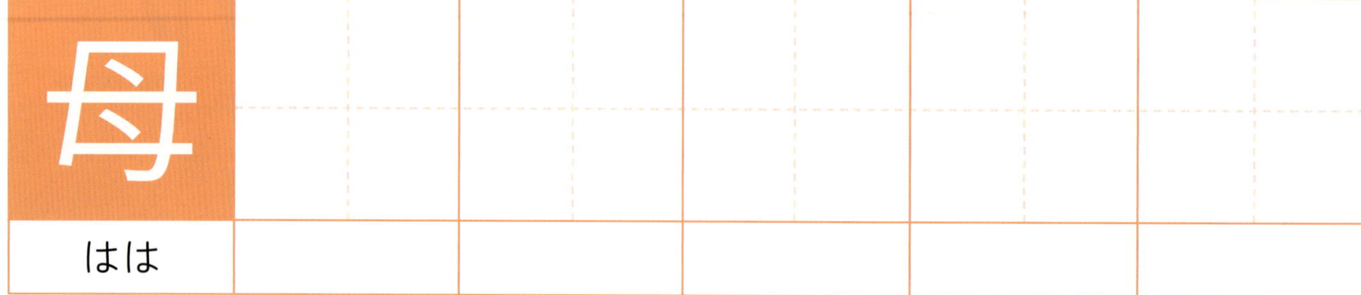

* '어머니'란 뜻의 「お母さん」은 「おかあさん」으로 읽고, 단독으로 쓰일 때는 「はは」로 읽습니다.

母				
はは				

A　この人_{ひと}は だれですか。
B　この人_{ひと}は 私_{わたし}の おじいちゃんです。

✳ 액자에 붙어 있는 글자를 보고 알맞은 스티커를 찾아 액자를 완성해 보세요.

액자가 완성되면 친구와 「この人は だれですか。 / この人は 私の〜です。」와 같이 묻고 답하세요.

1 들려주는 내용과 일치하는 그림을 찾아 순서대로 번호를 쓰세요.

2 알맞은 그림과 단어를 연결하고 빈칸에 쓰세요.

| おかあさん | おじいちゃん | おとうさん | いもうと |

3 잘 듣고 빈칸에 들어갈 알맞은 글자를 골라 스티커를 붙이세요. 

❶ おね ［　］ ちゃん　　❷ おじ ［　］ ちゃん

❸ おと ［　］ さん　　❹ ［　］ とうと

すてきな かぞく 멋진 가족

おとうさんと おかあさん

おにいちゃん おねえちゃん わたし

おとうと と いもうと

おじいちゃんと おばあちゃん

たくさん にぎやかな

すてきな かぞくです

아빠랑 엄마

형(오빠), 누나(언니), 나

남동생이랑 여동생

할아버지랑 할머니

(식구가) 많고 유쾌한

멋진 가족입니다

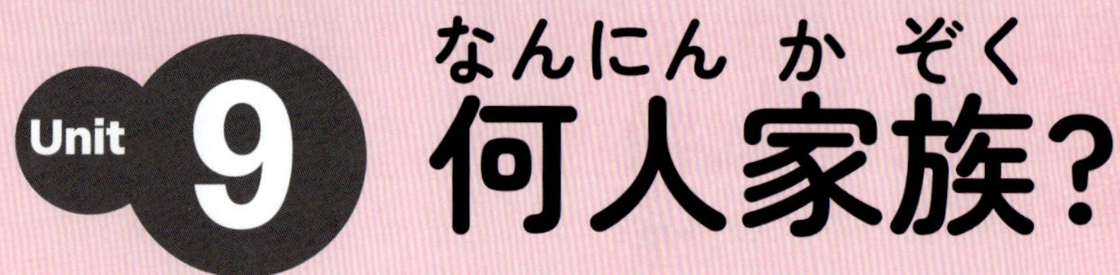

<ruby>何<rt>なん</rt></ruby><ruby>人<rt>にん</rt></ruby><ruby>家<rt>か</rt></ruby><ruby>族<rt>ぞく</rt></ruby>?

はなは<ruby>何<rt>なん</rt></ruby><ruby>人<rt>にん</rt></ruby><ruby>家<rt>か</rt></ruby><ruby>族<rt>ぞく</rt></ruby>?

너희 집은 식구가 몇이니?

5<ruby>人<rt>にん</rt></ruby><ruby>家<rt>か</rt></ruby><ruby>族<rt>ぞく</rt></ruby>だよ。

다섯 식구야.

おにいちゃんはいる?

넌 오빠가 있니?

ううん、おねえちゃんがいるよ。

아니, 언니가 있어.

37
9
단어
何人(なんにん) 몇 명
家族(かぞく) 식구, 가족
5人(ごにん) 다섯 명
いる 있다(사람이나 동물)

❶

단어
います　있습니다
いません　없습니다

9

❸ わたし ごにん か ぞく
私は 5人家族です。
おばあちゃんが
います。

❹ わたし ごにん か ぞく
私も 5人家族です。
おとうとと
いもうとが います。

한자를 익혀 보세요.

가족

かぞく

家 ： ` ` ` ｀ 宀 宀 宇 宇 家 家 家

族 ： ` ` ` 亠 方 方 方 於 於 於 旅 族 族

家					
か					

族					
ぞく					

사람 수 세기

한 명	1人	ひとり	다섯 명	5人	ごにん	아홉 명	9人	きゅうにん
두 명	2人	ふたり	여섯 명	6人	ろくにん	열 명	10人	じゅうにん
세 명	3人	さんにん	일곱 명	7人	しちにん	열한 명	11人	じゅういちにん
네 명	4人	よにん	여덟 명	8人	はちにん	열두 명	12人	じゅうににん

가족나무 – 가족의 얼굴을 그려 넣어요.

なんにんかぞくですか?

* 자신의 가족 얼굴을 사과 안에 그리고 가족 소개를 해보세요. 사과 열매가 부족하면 부록의 사과그림을 붙여도 됩니다.

1 잘 듣고 들은 내용과 그림이 일치하면 ○표, 일치하지 않으면 ✕표를 하세요.  

❶ 

私

❷

私

2 다음 그림을 보고 빈칸에 들어갈 단어를 찾아 문장을 완성하세요.

❶ 

私

Ⓐ 何人 [　　　] ですか。

Ⓑ 私は、[　　　] 人家族です。

おじいちゃん、[　　　]、[　　　]、

[　　　]、[　　　]、そして 私です。

❷ 

私

Ⓐ 何人 [　　　] ですか。

Ⓑ 私は、[　　　] 人家族です。

[　　　] と [　　　] と

[　　　] です。

Hint	
いもうと	おばあちゃん
おとうさん	おとうと
ろく	おねえちゃん
かぞく	はち
おかあさん	わたし

でんかせいひん　가전제품

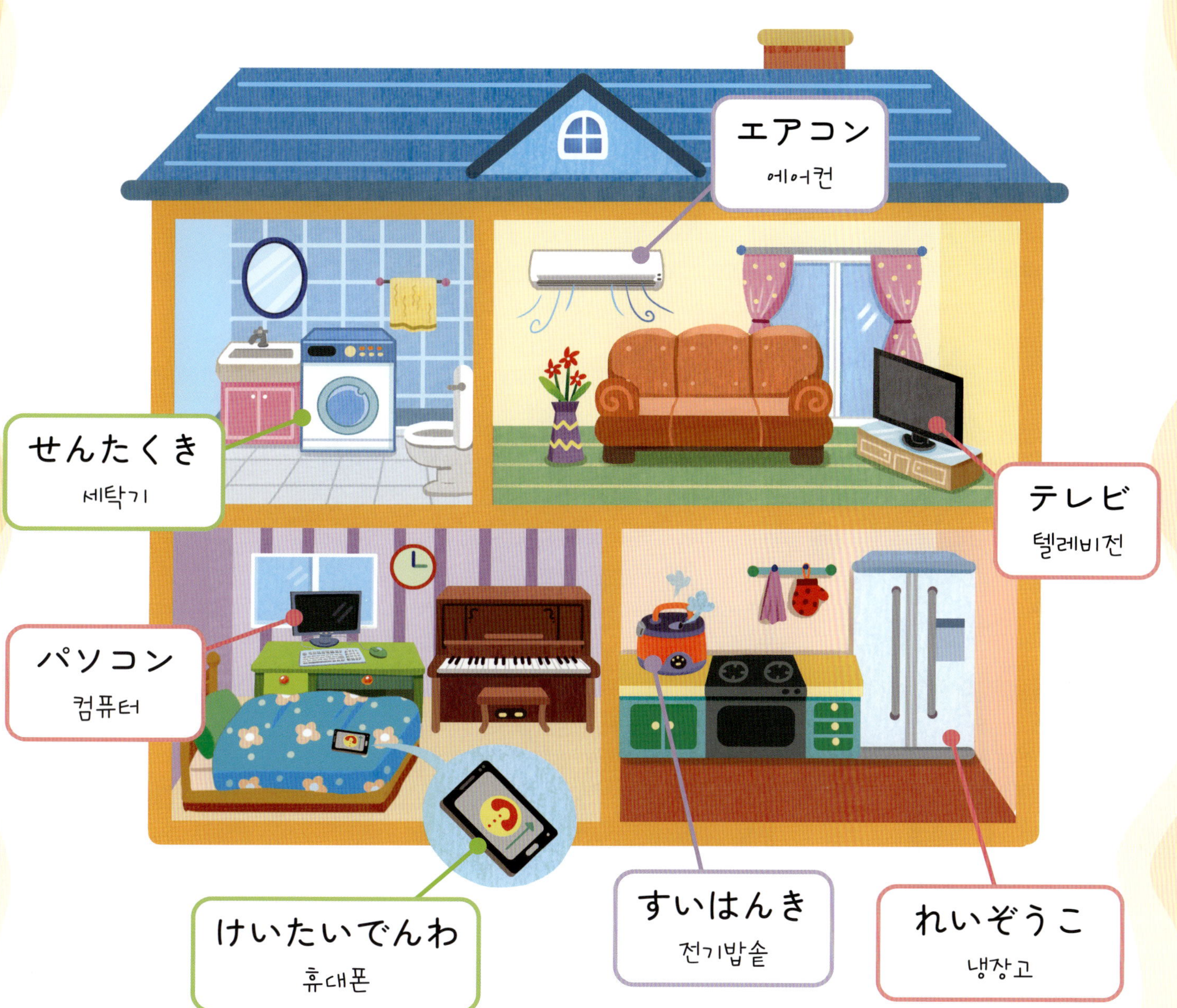

これは 何（なに）?
이건 뭐야?
それは 私（わたし）の かばん。
그건 내 책가방이야.

あれは 何（なに）?
저건 뭐야?

あれは おねえちゃんの
ぼうしだよ。
저건 내 언니의 모자야.

10

1 これは
なん
何ですか。
2 それは つくえと
いすです。

3 これは
パソコンです。
4 これは
ソファーです。

⑧ あれは 花びんです。
⑦ あれは 何ですか。
⑩ あれは テレビです。
⑨ あれは 何ですか。
⑪ あれは 人形です。
⑤ これは でんわです。
⑥ これは ベッドです。

한자를 익혀 보세요.

꽃

はな								
花 ：	一	十	艹	艹	艼	艼	花	花

* 「花(か)びん」은 '꽃병'이란 뜻으로 「花」를 음독으로 읽은 것입니다.
'꽃'이란 뜻으로 단독으로 쓸 때는 「はな」로 읽습니다.

花					
はな					

인형

にんぎょう						
人 ：				ノ	人	
人形 ：	一	二	于	开	形	形 形

人	形				
にん	ぎょう				

やってみよう 제자리를 찾아 주세요.

これは 何^{なん}ですか。
이건 뭐예요?

| テレビ | 花びん | ぼうし | でんわ | パソコン | かばん |

＊ 비어 있는 곳에 알맞은 스티커를 붙이세요. 붙이면서 친구와 「**これは 何ですか。/ それは ～です。**」와 같이 묻고 대답해 보세요.

1 잘 듣고 내용과 일치하는 그림을 골라 연결하세요.  

❶● 　　❷● 　　❸● 　　❹●

●　　　　●　　　　●　　　　●

   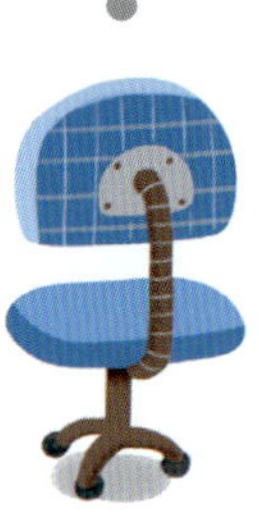

2 다음 문장을 읽고 알맞은 그림을 연결하세요.

❶ これは　テレビです。　●

❷ これは　ベッドです。　●

❸ これは　人形です。　●

3 그림을 보고 알맞은 말을 써 넣으세요.

❶ 

❷  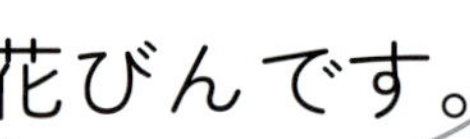

これは 何（なに） 이건 뭐니?

이건 뭐야? 이건 뭐야?
그건 모자, 그건 모자
저건 뭐야? 저건 뭐야?
저건 신발 저건 신발

1 おはよう! 안녕!

단어

おはよう	안녕(아침 인사말)
私(わたし)	나
～は	～은/는
はな	하나(이름)
ぼく	나(남자말)
たけし	다케시(이름)
じゃあね	잘 가, 안녕(헤어질 때 인사말)
またね	또 보자
せんせい	선생님
おはようございます	안녕하세요.(아침 인사말)
この子(こ)	이 아이
ともだち	친구
こんにちは	안녕, 안녕하세요?(낮 인사말)
～です	～입니다
りか	리카(이름)
けんじ	겐지(이름)
すし	초밥
おにぎり	주먹밥
うめぼし	매실장아찌
なっとう	낫또

해석　　　　　p.8,9

❶ 선생님 안녕하세요!

❷ 안녕!

❸ 안녕!

❹ 안녕!

❺ 얘는 내 친구야.

❻ 안녕!

❼ 안녕!

❽ 잘 가.

❾ 잘 가.

れんしゅう　　　　　p.8

안녕하세요? 나는 하나예요.

연습문제 정답　　　　　p.12

① 3, 1, 2

② ① おはよう。　② さようなら。

③ ① 私　　② 子

2 ありがとう! 고마워!

단어

どうぞ	다른 사람에게 뭔가를 권할 때쓰는 말
ありがとう	고맙습니다, 고마워
どういたしまして	천만에(요) (감사 인사에 대한 대답)
ごめん	미안해
大丈夫(だいじょうぶ)	괜찮아 (사과 인사에 대한 대답)
すみません	죄송합니다

해석　　　　　p.16

❶ 고마워요.

❷ 천만에요.

❸ 죄송합니다.

❹ 괜찮습니다.

❺ 고마워요.

❻ 천만에요.

❼ 미안해.

❽ 괜찮아.

❾ 자, 이거 받아.

❿ 고마워.

⓫ 죄송합니다.

⓬ 괜찮아요.

p.20

① 2, 1

② ① ごめん。　② ありがとう。

③ | 大 | 丈 | 夫 |

3 名前は 何? 이름이 뭐야?

名前(なまえ)	이름
何(なに)	무엇, 무슨
あなた	너, 당신
よろしく	잘 부탁해
こちらこそ	나(저)야말로
〜の	〜의
〜ですか	입니까?
しごと	직업

せんせい	선생님
がくせい	학생
いしゃ	의사
かんごふ	간호사
べんごし	변호사
けいさつかん	경찰관
コック	요리사
がか	화가
かしゅ	가수

p.24,25

❶ (당신의) 이름이 뭐예요?

❷ 내 이름은 리카예요.

❸ 내 이름은 하나예요. 잘 부탁해요.

❹ 나는 다시케예요.

❺ 나야말로 잘 부탁해요.

❻ 내 이름은 겐지예요. 잘 부탁해요.

❼ 나는 신야예요.

❽ 잘 부탁해요.

p.28

① ① ② ③ ④

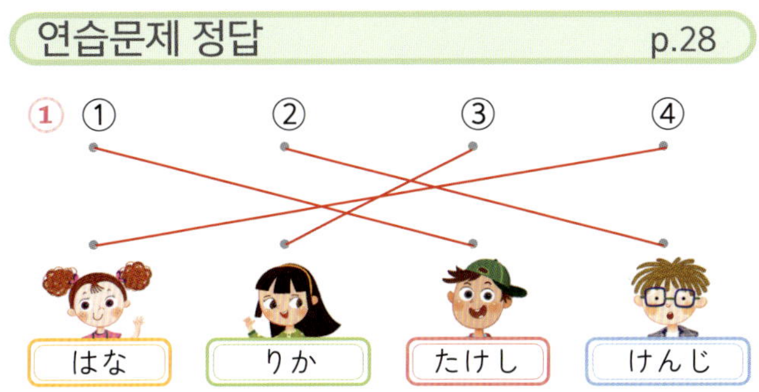

4 私は かんこく人。 나는 한국인이야.

かんこく人(じん)	한국인
うん	응(대답)
〜じゃない	〜이 아니다
にほん人(じん)	일본인
〜だよ	〜이야
その子(こ)	그 아이
アメリカ人(じん)	미국인
〜も	〜도
私(わたし)たち	우리들
ちゅうごく人(じん)	중국인
そうですか	그렇군요
いいえ	아니오
〜じゃないです	〜이 아니에요
どこの	어디, 어느
国(くに)	나라
人(ひと)	사람
ふく	옷
ジャケット	재킷
スカート	치마
くつ	구두
くつした	양말
ブルージーンズ	청바지
セーター	스웨터
うんどうぐつ	운동화
ぼうし	모자
ティーシャツ	티셔츠
ズボン	바지

해석 p.32, 33

❶ 나는 한국인이예요, 당신은?

❷ 나는 미국인이예요.

❸ 우리는 중국인이예요.

❹ 그렇군요.

❺ 어느 나라 사람이예요?

❻ 나는 일본인이예요.

れんしゅう p.33

어느 나라 사람이예요?

연습문제 정답 p.36

① 1, 3, 2

②

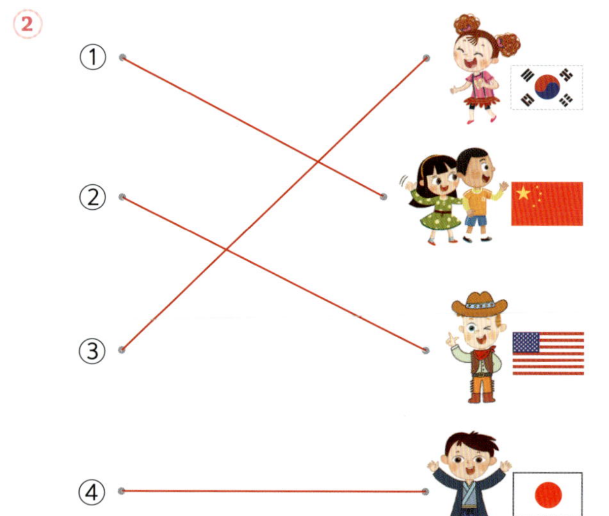

5 あかが すき。 빨간색을 좋아해.

単語

あか	빨간색
〜が すきだ	〜을 좋아하다
〜は(が) きらいだ	〜을 싫어하다
じゃあ	그럼
あお	파란색
しろ	하얀색
みずいろ	하늘색
みどり	녹색
ピンク	분홍색
オレンジ	주황색
きいろ	노란색
むらさき	보라색
くろ	검정색
何色(なにいろ)	무슨 색(색깔)
たべもの	음식
サンドイッチ	샌드위치
おかし	과자
しょくパン	식빵
アイスクリーム	아이스크림
ピザ	피자
ハンバーガー	햄버거
ホットドッグ	핫도그
コーラ	콜라
ケーキ	케이크

해석   p.40,41

❶ 나는 분홍색을 좋아해요, 당신은요?

❷ 난 분홍색 싫어해요.

❸ 당신은 노란색을 좋아해요?

❹ 난 노란색 싫어해요.

❺ 당신은 빨간색을 좋아해요?

❻ 난 빨간색 싫어해요.

❼ 당신은 무슨 색을 좋아해요?

❽ 난 검정색을 좋아해요.

れんしゅう   p.41

무슨 색을 좋아해요?

나는 ________색이 좋아요.

연습문제 정답   p.44

① ① × ② ○ ③ ×

③ ①  ② 

    ③  ④

6 いくつ? 몇 살이야?

単語

いくつ	몇 (살)
〜才(さい)	〜살
あの子(こ)	저 아이
1(いち)	하나(1)
2(に)	둘(2)
3(さん)	셋(3)
4(し, よん)	넷(4)

5(ご)	다섯(5)
6(ろく)	여섯(6)
7(しち, なな)	일곱(7)
8(はち)	여덟(8)
9(きゅう, く)	아홉(9)
10(じゅう)	열(10)
1才(いっさい)	한 살
2才(にさい)	두 살
3才(さんさい)	세 살
4才(よんさい)	네 살
5才(ごさい)	다섯 살
6才(ろくさい)	여섯 살
7才(ななさい)	일곱 살
8才(はっさい)	여덟 살
9才(きゅうさい)	아홉 살
10才(じゅっさい, じっさい)	열 살
インディアン	인디언

해석   p.49

❶ 몇 살이야?

❷ 네 살.

❸ 몇 살이에요?

❹ 다섯 살이에요.

❺ 몇 살이에요?

❻ 아홉 살이에요.

연습문제 정답   p.52

① 1, 3, 2

② ① ろく ② きゅう ③ なな

③ ① はちさい ◯ はっさい ☑

  ② じゅうさい ◯ じゅっさい ☑

  ③ いっさい ☑ いちさい ◯

7 何年生まれ? 띠가 뭐야?

단어

～年(どし)	～띠
～生(う)まれ	～생
えと	띠
ねずみ	쥐
うし	소
とら	호랑이
うさぎ	토끼
たつ	용
へび	뱀
うま	말
ひつじ	양
さる	원숭이
とり	닭
いぬ	개
いのしし	멧돼지
どうぶつ	동물
うま	말
ライオン	사자
クマ	곰

ぞう | 코끼리
とら | 호랑이
カバ | 하마
ワニ | 악어
キリン | 기린
ラクダ | 낙타

해석　　　　　　　p.57

❶ 띠가 뭐야?

❷ 개띠야.

❸ 띠가 뭐야?

❹ 양띠야.

❺ 띠가 뭐예요?

❻ 말띠예요.

❼ 띠가 뭐예요?

❽ 원숭이띠예요.

연습문제 정답　　　　　　　p.60

① 

② 

8 あの人は だれ?　저 분은 누구셔?

단어

だれ | 누구
お父(とう)さん | 아버지
〜たち | 〜들
お母(かあ)さん | 어머니
〜と | 〜와/과
おねえちゃん | 언니, 누나
おじいちゃん | 할아버지
おばあちゃん | 할머니
おにいちゃん | 오빠, 형
おとうと | 남동생
いもうと | 여동생
この人(ひと) | 이 사람

れんしゅう　　　　　　　p.64

저 분은 누구셔?

저 사람은 〜 이예요.

연습문제 정답　　　　　　　p.68

① 3, 4, 1, 2

② 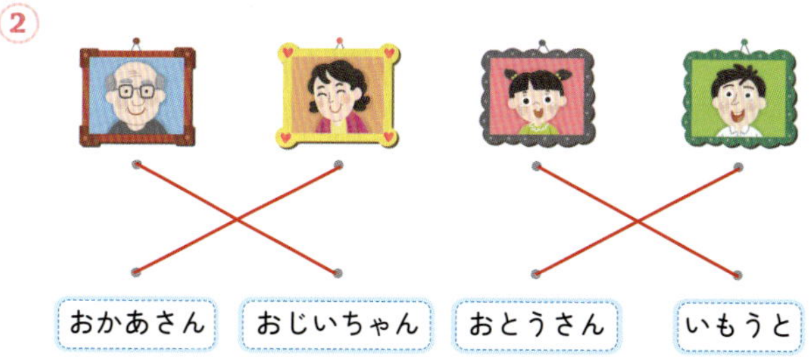

③ おね　え　ちゃん

おじ　い　ちゃん

おと　う　さん

　お　とうと

9 何人家族? 집에 식구가 몇이야?

단어

何人(なんにん)	몇 명
家族(かぞく)	가족(식구)
〜人(にん)	〜명
いる	있다
います	있습니다
いません	없습니다
1人(ひとり)	한 명
2人(ふたり)	두 명
3人(さんにん)	세 명
4人(よにん)	네 명
5人(ごにん)	다섯 명
6人(ろくにん)	여섯 명
7人(しちにん)	일곱 명
8人(はちにん)	여덟 명
9人(きゅうにん)	아홉 명
10人(じゅうにん)	열 명
でんかせいひん	가전제품
せんたくき	세탁기
エアコン	에어콘
テレビ	텔레비전
パソコン	컴퓨터
けいたいでんわ	휴대폰
すいはんき	전기밥솥
れいぞうこ	냉장고

해석 　　　　　　　　　　p.72, 73

❶ 식구가 몇이에요?

❷ 우리 집은 세 식구예요.

❸ 우리 집은 여섯 식구예요. 저는 형이 없어요.

❹ 우리 집은 다섯 식구예요. 할머니가 있어요.

❺ 우리 집도 다섯 식구예요. 남동생과 여동생이 있어요.

연습문제 정답 　　　　　　　p.76

① ① ○　② ×

② ① かぞく, ろく, おばあちゃん, おとうさん, おかあさん, いもうと

　② かぞく, さん, おとうさん, おかあさん, わたし

10 これは 何? 이건 뭐야?

단어

これ	이것
それ	그것
かばん	책가방
あれ	저것
ぼうし	모자

つくえ	책상
いす	의자
パソコン	컴퓨터
ソファー	소파
でんわ	전화
花(か)びん	꽃병
テレビ	텔레비전
ベッド	침대
人形(にんぎょう)	인형

해석　　　　　　　　　　　　p.80, 81

❶ 이건 뭐예요?

❷ 그건 책상과 의자예요.

❸ 이건 컴퓨터예요.

❹ 이건 소파예요.

❺ 이건 전화기예요.

❻ 이건 침대예요.

❼ 저건 뭐예요?

❽ 저건 꽃병이에요.

❾ 저건 텔레비전이에요.

❿ 저건 인형이에요.

연습문제 정답　　　　　　　　p.84

❶ ① ② ③ ④

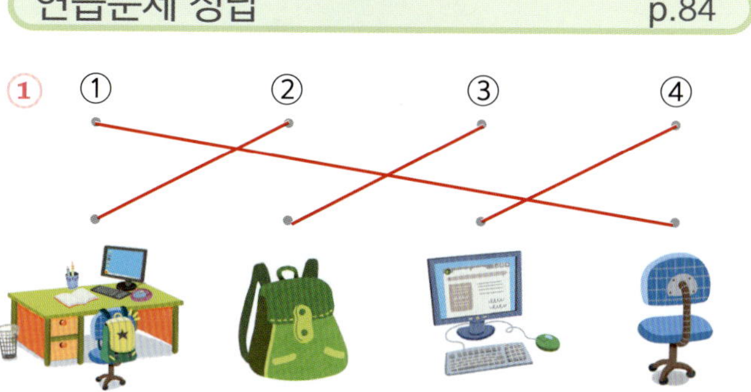

❷ ① これは テレビです。

② これは ベッドです。

③ これは 人形です。

❸ ① これ　② あれ　③ あれ

Unit**1**

① おはようございます！

② さようなら。(じゃあね。またね。)

Unit**2**

③ ありがとう！

④ 大丈夫です。

Unit**3**

⑤ 私の 名前は たけしかです。(私はたけし
かです。)

⑥ こちらこそよろしく。

Unit**4**

❼ いいえ、にほん人じゃないです。かん
こく人です。

❽ 私は にほん人です。

Unit**5**

❾ (私は) くろが すきです。

Unit**6**

❿ (私は) 4才です。

Unit**7**

⓫ (私は) いぬです。

Unit**8**

⓬ (私の) おじいちゃんと おばあちゃんです。

Unit**9**

⓭ (私は) 5人家族です。

Unit**10**

⓮ それは ソファーです。

⓯ あれは 花びんです。

Unit1　　p.12

1.

❶ こんにちは。わたしは はなです。

❷ じゃあね。/ またね。

❸ せんせい、おはようございます。/ おはよう。

2.

❶ わたし

❷ こ

Unit2　　p.20

1.

❶ どうぞ。/ ありがとう。/ どういたしまして。

❷ すみません。/ だいじょうぶです。

3.

❶ だいじょうぶ（大丈夫）

Unit3　　p.28

❶ わたしの なまえは たけしです。

❷ わたしは けんじです。

❸ わたしは りかです。

❹ わたしの なまえは はなです。

Unit4　　p.36

❶ わたしは かんこくじんです。

❷ わたしは アメリカじんじゃないです。

❸ どこの くにの ひとですか。

Unit5　　p.44

1.

❶ あなたは なにいろが すきですか。

　わたしは しろが すきです。

❷ あなたは なにいろが すきですか。

　わたしは あかが すきです。

❸ あなたは みどりが すきですか。

　はい、わたしは みどりが すきです。

3.

❶ あか

❷ みどり

❷ きいろ

❷ くろ

Unit6　　p.52

1.

❶ わたしは ごさいです。

❷ わたしは じゅっさいです。

❸ わたしは きゅうさいです。

Unit7　　p.60

❶ わたしは ねずみどしです。

❷ わたしは とらどしです。

❸ あなたは なにどしうまれですか。

　わたしは いのししどしです。

❹ あなたは なにどしうまれですか。

　わたしは うしどしです。

1.

❶ おじいちゃん

❷ おばあちゃん

❸ おにいちゃん

❹ おかあさん

3.

❶ おねえちゃん

❷ おじいちゃん

❸ おとうさん

❹ おとうと

1.

❶ わたしは よにんかぞくです。
おとうさんと おかあさんと おにいちゃんが います。

❷ わたしは ごにんかぞくです。
おばあちゃんは いません。

❶ これは なんですか。
それは いすです。

❷ あれは なんですか。
あれは つくえです。

❸ それは なんですか。
これは かばんです。

❹ あれは なんですか。
あれは パソコンです。

「NEW하나짱의 신나는 일본어❶」에는 약 200개의 단어가 나왔습니다.
얼마나 알고 있는지 확인해 보세요.

あ

アイスクリーム	5과	p.45
あお	5과	p.39
あか	5과	p.38
あなた	3과	p.22
あの人(ひと)	3과	p.29, 62
あの子(こ)	6과	p.46
アメリカ人(じん)	4과	p.32
ありがとう	2과	p.14
あれ	10과	p.79
いいえ	4과	p.32
いくつ	6과	p.46
いしゃ	3과	p.29
いす	10과	p.80
いち(1)	6과	p.48
いっさい(1才)	6과	p.50
いぬ	7과	p.56
いのしし	7과	p.56
います	9과	p.72
いません	9과	p.72
いもうと	8과	p.65
いる	9과	p.70
インディアン	6과	p.53
うさぎ	7과	p.56
うし	7과	p.54, 56
うま	7과	p.56

うまれ(生まれ)	7과	p.54
うめぼし	1과	p.13
うれしい	7과	p.61
うん	4과	p.30
えと	7과	p.56
おかし	5과	p.45
おじいちゃん	8과	p.62, 65
おとうさん	8과	p.65
おとうと	8과	p.65, 70
おにいちゃん	8과	p.13
おにぎり	1과	p.63, 65
おねえちゃん	8과	p.64
おばあちゃん	8과	p.6
おはよう	1과	p.6
おはようございます	1과	p.8

か

がか	3과	p.29
がくせい	3과	p.29
かしゅ	3과	p.29
かぞく(家族)	9과	p.70
カバ	7과	p.61
かびん(花びん)	10과	p.81
かんこくじん(韓国人)	4과	p.30
かんごふ	3과	p.29
きいろ	5과	p.40
きゅう(9)	6과	p.48

개정2판	2025년 5월 15일

발행인	이기선
발행처	제이플러스
	경기도 고양시 덕양구 향동로 217
전화	영업부 02-332-8320 편집부 02-3142-2520
팩스	02-332-8321
홈페이지	www.jplus114.com
등록번호	제10-1680호
등록일자	1998년 12월 9일
ISBN	979-11-5601-281-8

Memo

Memo

Memo

① おはよう！

② さようなら。

③ どうぞ。

④ すみません。

NEW 하나짱의 신나는 일본어 ❶

종합 평가판

그림을 보면서 질문 또는 문장에 알맞은 대답을 해 보세요. 맞게 대답했을 때는 □칸에 ✓ 체크해 주세요.

⑤ 名前は 何ですか。

⑥ よろしく。

⑦ あなたは にほん人ですか。

⑧ どこの 国の 人ですか。

⑨ 何色が すきですか。

⑩ いくつですか。

⑪ 何年生まれですか。

⑫ この 人たちは だれですか。

⑬ 何人家族ですか。

⑭ これは 何ですか。

⑮ あれは 何ですか。

이름	
날짜	
선생님 확인	
부모님 확인	

나의 실력은?

✓ **12~15개**
참 잘했어요! 그동안 열심히 공부했네요. 꾸준히 복습하는 것도 잊지 마세요.

✓ **7~11개**
잘했어요! 틀린 곳이 어디인지 다시 확인해 보고, 바르게 고쳐 보세요.

✓ **5~10개**
좀 더 노력해야겠어요. 공부하고 다시 도전해 보세요.

✓ **0~4개**
1과부터 다시 공부하세요.

메모

선생님이 체크해 주세요.

	매우 뛰어남	뛰어남	좋음	노력요함	부족함
회화능력					
듣기능력					
이해력					
어휘력					
응용력					

‘ NEW 하나짱의 신나는 일본어 ❶ ’ 오리기

3과 p.27

9과 p.75

1과 p.12

私　　子

4과 p.35

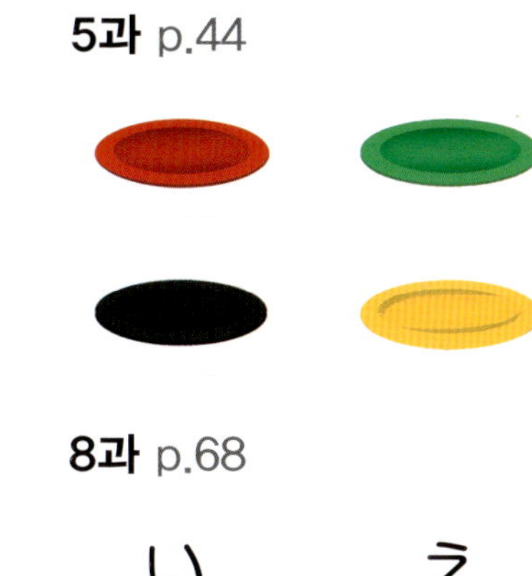

5과 p.44

8과 p.68

い　　え

う　　お

8과 p.67

10과 p.83

なまえ :

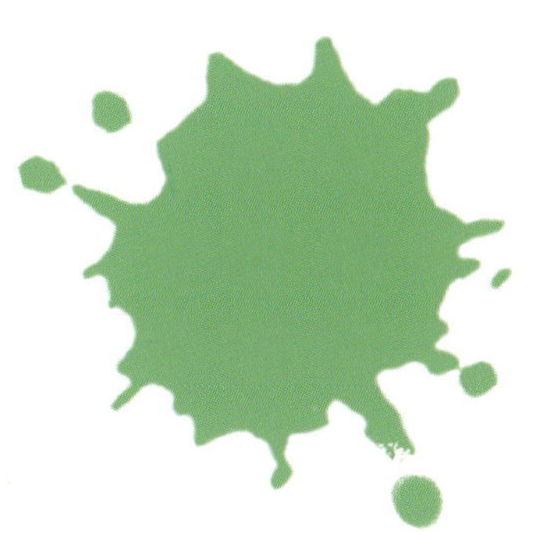

④-2
アメリカ人（じん）
미국인

④-1
かんこく人（じん）
한국인

④-4
にほん人（じん）
일본인

④-3
ちゅうごく人（じん）
중국인

⑤-2
オレンジ
오렌지

⑤-1
あか
빨강

⑤-4
みどり
초록

⑤-3
きいろ
노랑

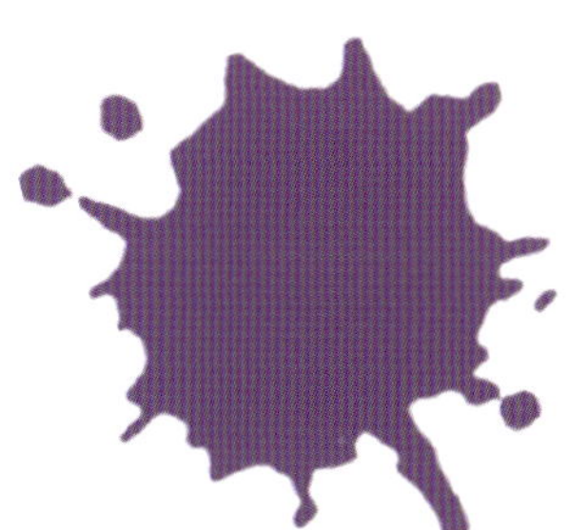

⑤-6
むらさき
보라

⑤-5
あお
파랑

⑤-8
しろ
흰색

⑤-7
ピンク
핑크

⑤-10
みずいろ
하늘색

⑤-9
くろ
검정

⑥-2
に
2

⑥-1
いち
1

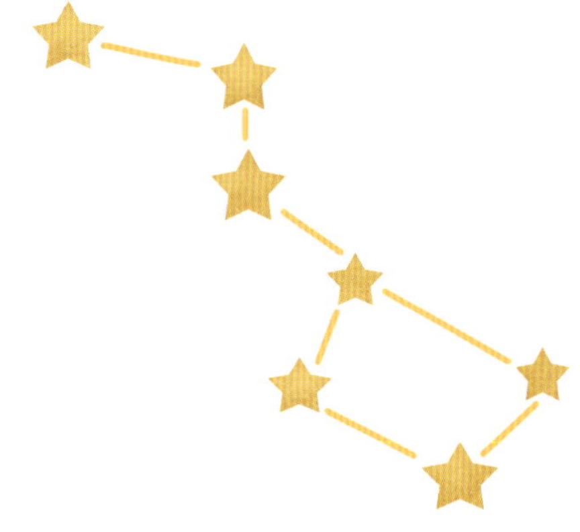

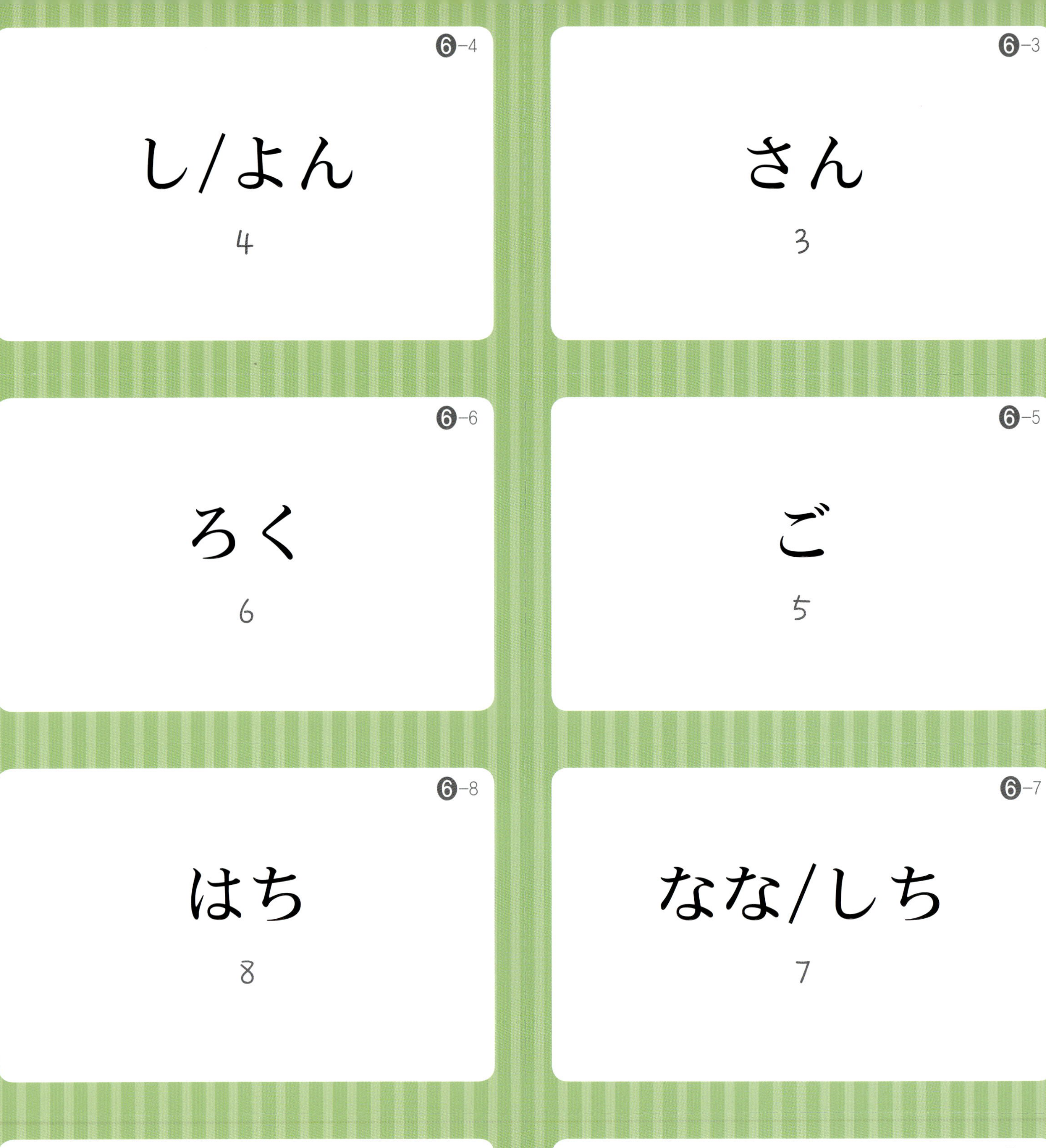

6-4
し/よん
4

6-3
さん
3

6-6
ろく
6

6-5
ご
5

6-8
はち
8

6-7
なな/しち
7

6-10
じゅう
10

6-9
きゅう/く
9

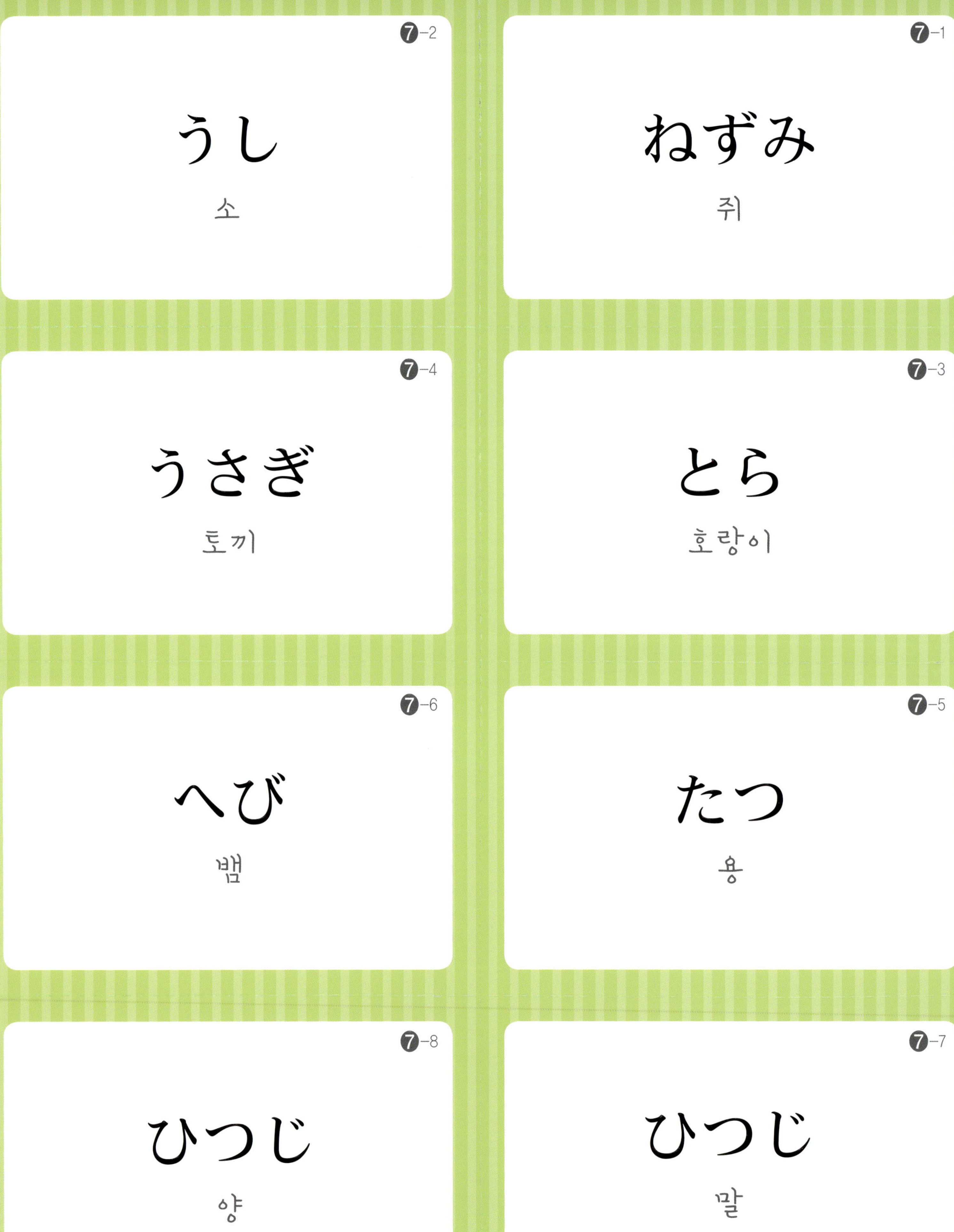
7-2
うし
소
7-1
ねずみ
쥐
7-4
うさぎ
토끼
7-3
とら
호랑이
7-6
へび
뱀
7-5
たつ
용
7-8
ひつじ
양
7-7
ひつじ
말

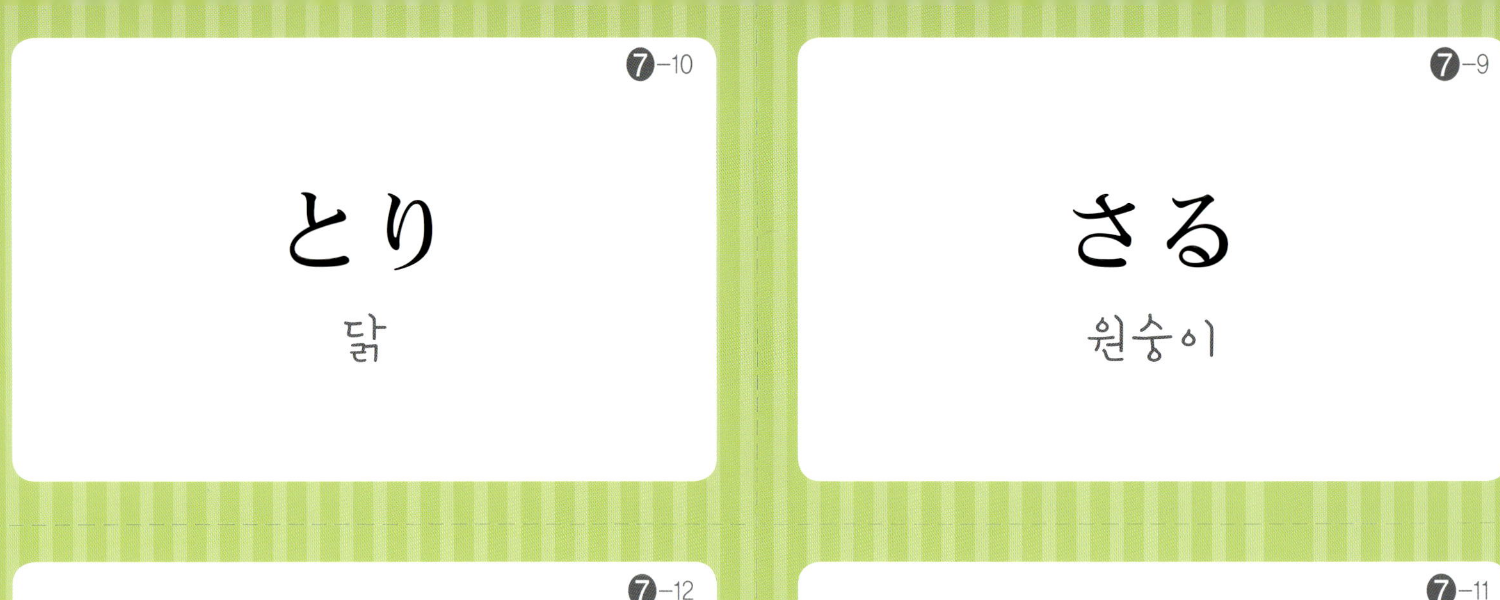

とり

닭

さる

원숭이

いのしし

멧돼지

いぬ

개

お祖母<ruby>ばあ</ruby>さん

할머니

お祖父<ruby>じい</ruby>さん

할아버지

お母<ruby>かあ</ruby>さん

엄마

お父<ruby>とう</ruby>さん

아빠

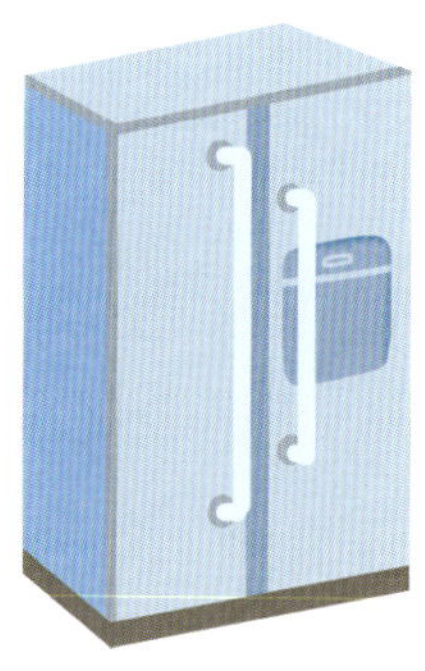

8-6 あに 오빠	8-5 おねえちゃん 언니
8-8 いもうと 여동생	8-7 おとうと 남동생
9-2 ぼうし 모자	9-1 れいぞうこ 냉장고
9-4 ベッド 침대	9-3 ソファー 소파

و و و

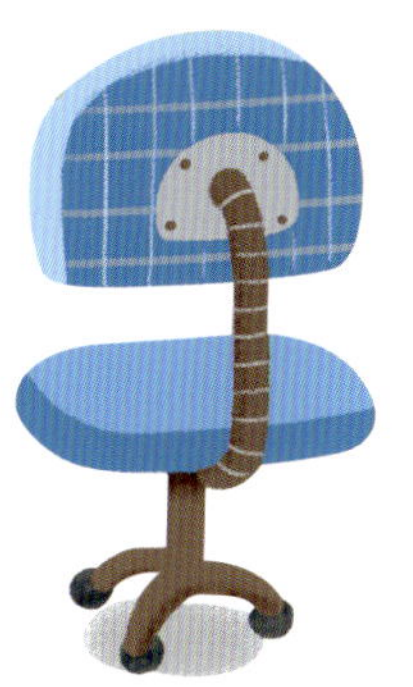

9-6
ケータイ
휴대폰

9-5
でんわ
전화

9-8
エアコン
에어컨

9-7
かばん
가방

9-10
花びん
꽃병

9-9
テレビ
텔레비전

9-12
いす
의자

9-11
パソコン
컴퓨터